Isaac Asimov

Siglo XXI

Biblioteca del universo

El Sistema Solar

Urano

DE ISAAC ASIMOV

REVISADO Y ACTUALIZADO POR RICHARD HANTULA

Gareth Stevens Publishing
UNA COMPAÑÍA DEL WORLD ALMANAC EDUCATION GROUP

Please visit our web site at: www.garethstevens.com
For a free color catalog describing Gareth Stevens Publishing's list of high-quality
books and multimedia programs, call 1-800-542-2595 (USA) or 1-800-387-3178 (Canada).
Gareth Stevens Publishing's fax: (414) 332-3567.

Library of Congress Cataloging-in-Publication Data

Asimov, Isaac.
   [Uranus. Spanish]
   Urano / de Isaac Asimov; revisado y actualizado por Richard Hantula.
      p. cm. — (Isaac Asimov biblioteca del universo del siglo XXI. El sisteme solar)
   Summary: Describes the third largest known planet, examining its size and composition,
its surface features, its orbit, and efforts to learn more about this planet.
   Includes bibliographical references and index.
   ISBN 0-8368-3863-7 (lib. bdg.)
   ISBN 0-8368-3876-9 (softcover)
   1. Uranus (Planet)—Juvenile literature. [1. Uranus (Planet). 2. Spanish language materials.]
  I. Hantula, Richard. II. Title.
  QB681.A8518   2003
  523.47—dc21
                                      2003050685

This edition first published in 2004 by
Gareth Stevens Publishing
A World Almanac Education Group Company
330 West Olive Street, Suite 100
Milwaukee, WI 53212 USA

Series editor: Betsy Rasmussen
Cover design and layout adaptation: Melissa Valuch
Picture research: Kathy Keller
Additional picture research: Diane Laska-Swanke
Artwork commissioning: Kathy Keller and Laurie Shock
Translation: Carlos Porras and Patricia D'Andrea
Production director: Susan Ashley

The editors at Gareth Stevens Publishing have selected science author Richard Hantula to bring
this classic series of young people's information books up to date. Richard Hantula has written
and edited books and articles on science and technology for more than two decades. He was
the senior U.S. editor for the *Macmillan Encyclopedia of Science*.

In addition to Hantula's contribution to this most recent edition, the editors would like to
acknowledge the participation of two noted science authors, Greg Walz-Chojnacki and
Francis Reddy, as contributors to earlier editions of this work.

Printed in the United States of America

1 2 3 4 5 6 7 8 9 07 06 05 04 03

Contenido

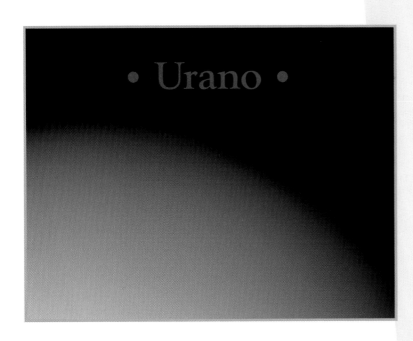

• Urano •

Vivimos en un lugar enormemente grande: el universo. Es muy natural que hayamos querido entender este lugar, así que los científicos y los ingenieros desarrollaron instrumentos y naves espaciales que nos contaron sobre el universo mucho más de lo que hubiéramos podido imaginar.

Hemos visto planetas de cerca, e incluso sobre algunos han aterrizado naves espaciales. Hemos aprendido sobre los quásares y los púlsares, las supernovas y las galaxias que chocan, y los agujeros negros y la materia oscura. Hemos reunido datos asombrosos sobre cómo puede haberse originado el universo y sobre cómo puede terminar. Nada podría ser más sorprendente.

Hemos aprendido mucho acerca de un planeta gigante poco común del Sistema Solar, que está inclinado sobre su lado. Este planeta, Urano, recibió el nombre del antiguo dios griego de los cielos. Aun cuando está en su punto más cerca a la Tierra, está a más de 1,500 millones de millas (2,500 millones de km) de distancia. Antes de 1986, con nuestros telescopios podíamos verlo sólo como un diminuto punto de luz. Ahora lo hemos visto de cerca y sabemos mucho más de él y de las lunas que lo rodean.

En 1986 la sonda espacial Voyager 2 tomó esta fotografía de Urano a una distancia aproximada de 600,000 millas (1,000,000 de kilómetros). La Voyager descubrió que el planeta tiene más anillos y más lunas de lo que se pensaba.

Un planeta de nuestro tiempo

En 1781, en Inglaterra, un astrónomo de origen alemán llamado William Herschel estudiaba el cielo con un telescopio que había construido él mismo. El 13 de marzo vio un pequeño punto de luz en un lugar donde no tenía que estar. Pensó que se trataba de un cometa, pero no tenía el aspecto borroso que los cometas tienen generalmente. El punto se movía lentamente cada noche.

Pronto Herschel se dio cuenta de que giraba alrededor del Sol más allá de Saturno, el planeta más lejano conocido hasta entonces. Era un planeta nuevo y aún más lejano. Todos los otros planetas se conocían desde la antigüedad. Este planeta nuevo —el primero que se descubrió en los tiempos modernos— recibió finalmente el nombre de Urano.

Herschel (izquierda) descubrió dos de las lunas de Urano con este telescopio enorme (derecha), que construyó después de encontrar el planeta.

El gigante lento

Urano está mucho más lejos que los planetas conocidos desde la antigüedad, y por eso su luz es débil. Además se mueve más lentamente. En 1690 John Flamsteed, un astrónomo inglés, vio en la constelación de Tauro lo que pensó que era una estrella de luz débil. La llamó 34 Tauri y la marcó en su mapa. En realidad era Urano. Si Flamsteed la hubiera mirado unas noches después, se hubiera dado cuenta de que se había movido. Así que, en realidad, se observó a Urano 91 años antes de identificarlo.

Hallazgos por su movimiento

¿Qué hemos aprendido acerca de este planeta moderno? Bueno, aun sin la ayuda de la sonda espacial *Voyager 2*, los astrónomos pudieron establecer algunos datos sobre Urano observando su movimiento.

En promedio, está a unos 1,780 millones de millas (2,870 millones de km) del Sol. Eso es 19 veces más lejos del Sol de lo que está la Tierra. El tamaño de Urano se puede determinar midiendo lo ancho que se ve el planeta a esa distancia. Su diámetro es de 31,763 millas (51,118 km), cuatro veces el diámetro de la Tierra. Urano tiene una masa que equivale a casi 15 veces la de la Tierra, lo que lo hace un planeta gigante. Sin embargo, es mucho más pequeño que Júpiter. Júpiter, el planeta más grande, tiene 20 veces más masa que Urano. Urano es también mucho más pequeño que Saturno. Neptuno, el cuarto planeta gigante, es ligeramente más pequeño que Urano, pero tiene más masa.

La ley de Bode: ¡demasiado buena para ser cierta!

En 1766 el matemático alemán Johann Daniel Titius encontró una fórmula simple que mostraba a qué distancia del Sol debería estar cada planeta. El astrónomo alemán Johann Bode creyó que la fórmula era importante, y en 1772 informó de su existencia. Por esta razón se la llamó ley de Bode. Cuando en 1781 se descubrió Urano, resultó que estaba aproximadamente a la distancia del Sol que había predicho la ley de Bode. Sin embargo, cuando se descubrió Neptuno, no cumplió con la ley de Bode. Por esa razón los astrónomos dejaron de usarla.

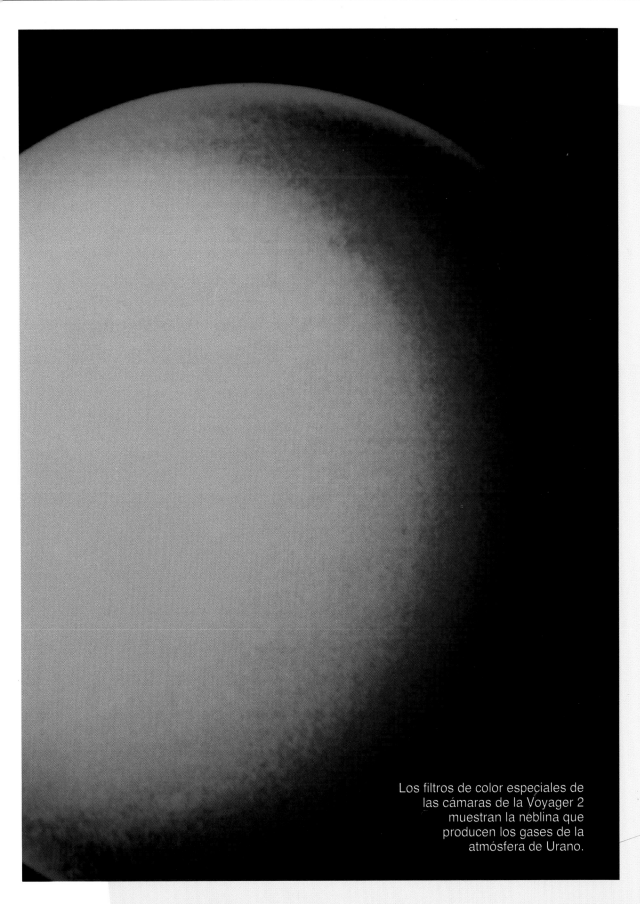

Los filtros de color especiales de las cámaras de la Voyager 2 muestran la neblina que producen los gases de la atmósfera de Urano.

7

El planeta inclinado

Urano está tan lejos de la Tierra que por unos 200 años los científicos no pudieron determinar a qué velocidad gira sobre su eje. Pero pudieron decir que había algo singular en la forma de girar. La mayoría de los planetas giran sobre su eje de manera tal que se mantienen casi verticales a medida que se mueven alrededor del Sol. El eje de la Tierra sólo tiene una inclinación de $1/4$ con respecto a la vertical.

Pero el eje de Urano está tan inclinado que el planeta parece girar de costado a medida que se mueve alrededor del Sol. A algunas personas les gusta llamar a Urano el «planeta inclinado». El otro único planeta del Sistema Solar que tiene un eje inclinado es el remoto Plutón, el cual es tan pequeño que algunos astrónomos creen que no debería considerarse un planeta.

Arriba: En los primeros tiempos del Sistema Solar pueden haber existido cuerpos pequeños y sólidos llamados planetésimos. Algunos científicos creen que las colisiones entre los planetésimos y un planeta recientemente formado pueden alterar la inclinación del planeta. En esta imagen, según un artista, dos planetesimales chocan y se fragmentan en otros más pequeños.

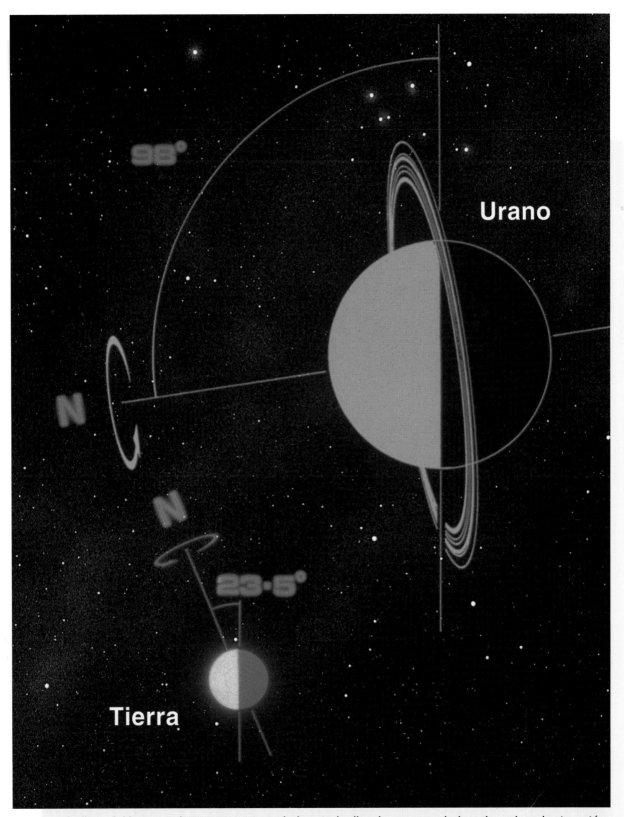

Arriba: A Urano se le conoce como el planeta inclinado porque el eje sobre el cual rota está a casi 90° de la vertical. La Tierra, como puedes ver, está sólo ligeramente inclinada en su rotación.

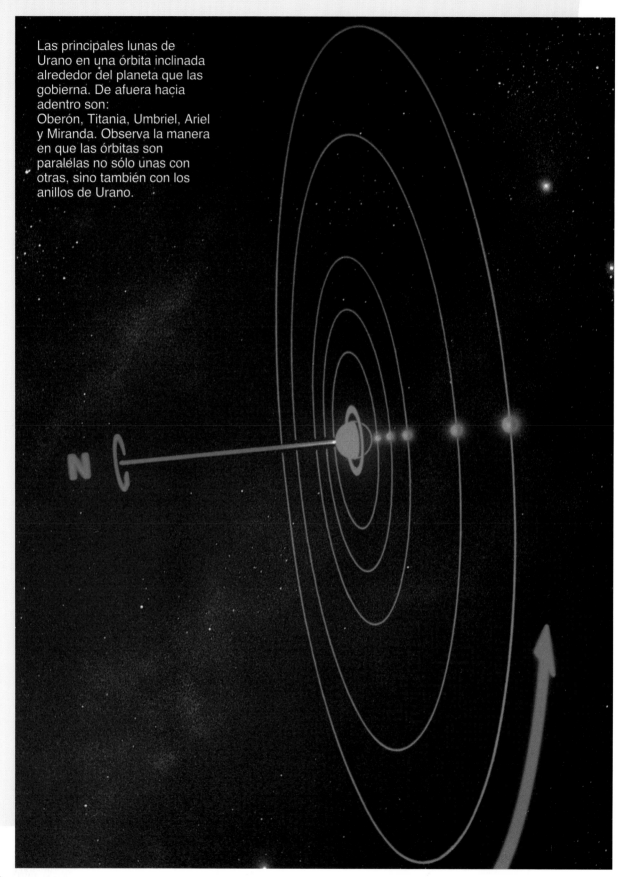

Las principales lunas de Urano en una órbita inclinada alrededor del planeta que las gobierna. De afuera hacia adentro son:
Oberón, Titania, Umbriel, Ariel y Miranda. Observa la manera en que las órbitas son parálelas no sólo unas con otras, sino también con los anillos de Urano.

Lunas literarias

Como la mayoría de los planetas, (Urano tiene lunas, o satélites. Estos mundos pequeños viajan en órbita alrededor de Urano,) tal como la Luna gira alrededor de la Tierra. Dos de las lunas las descubrió Herschel en 1787. Las llamó Oberón y Titania, por el rey y la reina de las hadas de una de las obras de teatro de Shakespeare. Dos lunas más se descubrieron 64 años después. A una se le llamó Ariel, por un hada de otra obra de teatro de Shakespeare, y a la segunda se le llamó Umbriel, por un personaje de un poema de Alexander Pope.

En 1948 se descubrió un quinto satélite orbitando Urano y se le llamó Miranda, por otro de los personajes de Shakespeare. Todas las órbitas de las lunas están inclinadas tal como lo está el eje del planeta. Desde la Tierra, las lunas parecen ir de arriba abajo, no de un lado al otro, como las lunas de otros planetas.

Izquierda: Una «foto de la familia» de las lunas más grandes de Urano (de arriba abajo): Miranda, Ariel, Umbriel, Titania y Oberón. Todas llevan el nombre de personajes de la literatura inglesa. Este fotomontaje muestra el tamaño de cada satélite en relación con los demás. Los dos más grandes, Titania y Oberón, tienen casi el mismo tamaño. Titania mide 980 millas (1,580 km) de diámetro y Oberón, 945 millas (1,520 km) de diámetro.

¿Presentación del planeta Herschel?

Cuando se descubrió Urano, Herschel quiso llamarlo Georgium Sidus («la estrella de Jorge», en latín), en honor del rey británico Jorge III. Algunos astrónomos sugirieron llamarlo Herschel en honor a su descubridor. He aquí cómo se llamó final-mente al planeta. Más allá de la Tierra está Marte. Luego viene Júpiter, que en la mitología es el padre de Marte; luego viene Saturno, que es el padre de Júpiter. Así que al planeta nuevo se le llamó Urano, por el padre de Saturno.

Otro mundo con anillos

En 1977 Urano pasó frente a una estrella. Los astrónomos observaron atentamente, porque querían medir cómo se hacía más tenue la luz de la estrella a medida que la atmósfera de Urano pasaba frente a ella. Esto les diría algo acerca de la atmósfera. Para su sorpresa, la estrella «brilló intermitentemente» varias veces *antes* de que la atmósfera pasara delante de ella. Otra vez «brilló intermitentemente» varias veces más después de que Urano y su atmósfera pasaron. A partir de esto, los científicos determinaron que Urano tiene anillos alrededor, tal como Saturno. Los anillos de Saturno son enormes y brillantes, pero los anillos de Urano son muy finos y oscuros.

Izquierda: El oscuro sistema de anillos de Urano se ve mejor cuando está iluminado desde atrás, pero una visión así es imposible desde la Tierra. Esta foto de los anillos la tomó la nave espacial Voyager 2 cuando pasó por Urano en 1986. El sistema de anillos se compone de diez anillos delgados de partículas de roca y hielo, un anillo ancho de polvo y de docenas de anillos polvorientos.

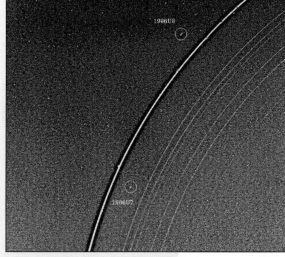

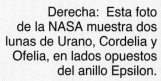

Derecha: Esta foto de la NASA muestra dos lunas de Urano, Cordelia y Ofelia, en lados opuestos del anillo Epsilon.

Como los anillos de Saturno, los de Urano no son sólidos. Más bien, están formados de millones de trozos de roca y hielo, así como de partículas más pequeñas y polvo.

13

Esta foto de Urano la tomó la
Voyager 2 desde una distancia de
153 millones de millas (247
millones de km) el 15 de junio de
1985, seis meses antes del
acercamiento de la nave en enero
de 1986. Ésta fue la primera
oportunidad real para los científicos
de observar la relación del planeta
con sus lunas. En este fotomontaje
se pueden ver varias de las lunas.

Un planeta desafiante

Los astrónomos estaban entusiasmados con el sorprendente descubrimiento de los anillos de Urano de los años setenta, pero no parecía que fueran jamás a averiguar más información sobre el planeta. Estaba tan lejos que apenas se veía como un pequeño círculo de luz verdeazulada. Júpiter y Saturno, dos planetas que están más cerca de la Tierra y que son más grandes que Urano, se pueden ver con mucha más facilidad. De hecho, estos dos gigantes aparecen con tanta claridad en el telescopio que se pueden ver manchas sobre su superficie. Las manchas se mueven sobre la superficie, y podemos ver la velocidad a la que rotan estos planetas. Sin embargo, Urano, pequeño y tenue, no muestra manchas. Esto intrigó a los científicos por más de 200 años.

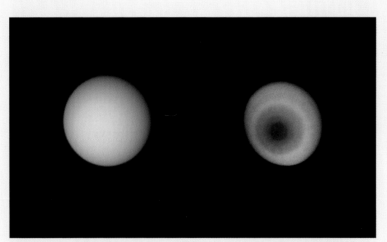

Arriba: Dos vistas de Urano. La imagen izquierda muestra cómo vería el planeta una persona en una nave espacial a 11 millones de millas (18 millones de km) de Urano. La imagen derecha se tomó con filtros de color y se mejoró mediante computadora para mostrar los gases presentes en Urano y a su alrededor. En ambas tomas la vista está hacia el polo de rotación del planeta, que está inmediatamente a la izquierda del centro.

La concepción de un artista del acercamiento de la Voyager 2 a Urano. La sonda llegó cerca de Urano el 24 de enero de 1986.

Arriba: Aterrizar sobre un planeta como Urano sería imposible ya que éste en realidad no tiene tierra. Como muestra este corte transversal, muchos científicos creen que el planeta lo forman tres capas: un núcleo de roca y hielo, rodeado por una capa de líquido y una capa externa de gas.

La exploración del planeta

Hoy sabemos más cosas de Urano de las que sabíamos incluso al principio de los ochenta. Hemos construido sondas espaciales que han viajado hasta planetas lejanos. En 1977 se enviaron al espacio la *Voyager 1* y la *Voyager 2*. Ambas sondas *Voyager* pasaron por Júpiter y Saturno, tomando fotos al pasar. La *Voyager 2* tenía preparado su curso para seguir hacia Urano. En enero de 1986 pasó por Urano y lo fotografió. No fue fácil porque Urano está tan lejos del Sol que sólo recibe $1/360$ de la luz que recibimos nosotros. La *Voyager 2* tuvo que tomar fotos con esta luz tenue a medida que avanzaba, pero hizo un trabajo magnífico.

Ahora que la *Voyager 2* ha pasado junto a Urano, los científicos saben mucho más acerca de este planeta, a pesar de que quedan muchas preguntas sin respuesta. Algunos astrónomos creen que Urano tiene un pequeño núcleo de roca y hielo. Este núcleo, que podría ser tan grande como la Tierra, posiblemente está rodeado por un «mar» espeso de agua y roca. Encima de esto está la atmósfera, que algunos científicos creen que puede tener una profundidad de 7,000 millas (11,000 km) o más. Contiene principalmente hidrógeno y helio, además de cantidades más pequeñas de metano y otros gases. Con gran parte del planeta compuesta de una atmósfera gaseosa, Urano es uno de los gigantes gaseosos, uniéndose al grupo que forman Júpiter, Saturno y Neptuno.

Arriba: Un artista imagina a la Voyager 2 mientras toma fotografías de Urano antes de continuar hacia Neptuno a darle un vistazo.

17

Pistas importantes

Las fotografías de la *Voyager 2* se transmitieron a la Tierra. Mostraban a Urano mucho más claramente que viéndolo con un telescopio desde la Tierra. Pero todavía seguía apareciendo como un globo azulado. De alguna manera, esto no fue muy sorprendente. La luz del sol impulsa los vientos de la Tierra y además provee una parte de la energía que mantiene la existencia del movimiento complejo que ocurre en la atmósfera de Júpiter y de Saturno. Puesto que Urano recibe mucha menos luz, parecía natural que tuviera una atmósfera mucho más tranquila.

Aun así, la *Voyager* descubrió que en lo profundo de su atmósfera Urano tiene nubes brillantes y delgadas. Mientras tanto, las señales de radio mostraron que Urano tarda unas 17 1/4 horas para girar sobre su eje. Hasta entonces, las suposiciones iban de 10 a 25 horas.

Los científicos se alegraron de poder comparar ahora el movimiento de las nubes con el giro de Urano, ya que esta información da pistas importantes sobre la forma en que se comporta su clima.

Una nube en Urano. Esta fotografía de la Voyager 2 muestra una nube a lo largo del borde azulado del planeta. Esta foto se tomó con filtros de color y se mejoró mediante computadora. En color real, la nube hubiera sido casi invisible.

Lunas y más lunas

Urano tiene al menos 20 lunas. Sólo cinco son lo bastante grandes para verlas con telescopio desde la Tierra. Diez de las lunas del planeta las encontró la *Voyager 2* en 1986, y otras más las descubrieron los astrónomos a fines de los años noventa. Las más pequeñas tienen sólo unas 12 millas (20 km) de ancho. Como gran parte del material de los anillos, las lunas pequeñas son oscuras como el carbón. De las cinco lunas grandes, la más oscura es Umbriel. Un círculo brillante sobresale de su maltratada superficie gris como una rosquilla sobre un plato oscuro. Tal vez el círculo sea hielo brillante y limpio que desenterró una colisión reciente. Un material extraño y oscuro reviste el fondo de uno de los cráteres de Oberón, la gran luna más alejada de Urano. En Titania, la luna más grande, un valle gigante que se extiende por más de 1,000 millas (1,600 km) muestra dónde se abrió hace mucho su corteza helada.

Izquierda: Una imagen de Oberón de la Voyager 2 muestra varios cráteres de impacto grandes.

¿Por qué son tan oscuros los anillos de Urano?

Si los anillos estuvieran compuestos sólo de partículas heladas, reflejarían gran parte de la luz que cae sobre ellos y brillarían intensamente. En cambio, se ven oscuros. Quizás los anillos se originaron como una mezcla de hielo y roca, y el hielo se evaporó lentamente, dejando sólo la roca. Sin embargo, los brillantes anillos de Saturno no se han evaporado, y Saturno recibe cuatro veces más luz que Urano. Tal vez el verdadero misterio sea por qué son tan brillantes los anillos de Saturno.

Arriba: Titania tiene muchos menos cráteres grandes que Oberón. Posiblemente, cuando la luna era aún joven, corrientes de hielo y roca inundaron los cráteres más antiguos y más grandes de Titania. A medida que se enfriaba, su superficie se expandió y se agrietó, creando valles gigantes de cientos de millas de largo.

Izquierda: Una mezcla oscura de hielo y roca brotó del interior de Oberón para llenar el cráter que está cerca del centro de esta imagen.

21

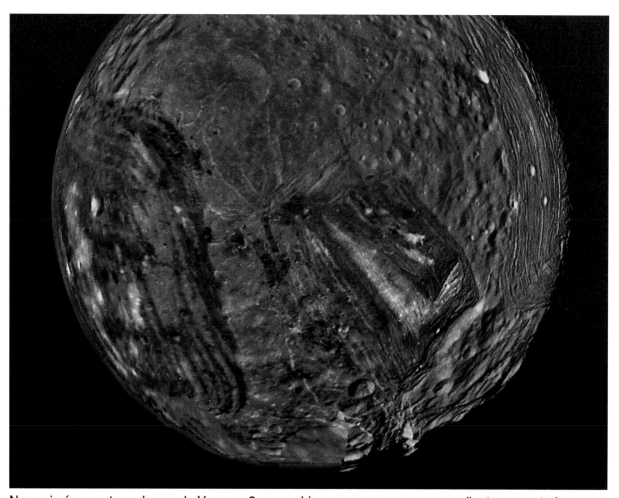

Nueve imágenes tomadas por la Voyager 2 se combinaron y se procesaron mediante computadora para crear este retrato de Miranda. Abajo se ven los brillantes riscos de un valle mucho más profundo que el Gran Cañón que está en la Tierra. En el centro está el polo sur de la luna.

Derecha: El terreno de Miranda tiene surcos que pueden alcanzar profundidades de una milla o más. Posiblemente un día las sondas, como este módulo de aterrizaje que imaginó un artista, descubran información importante sobre Urano y sus lunas.

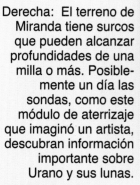

Mundos agrietados

Grandes cráteres salpican las superficies de Umbriel, Oberón y Titania. Ariel tiene una interesante red de valles que se entrecruzan. Los científicos creen que los valles se formaron cuando la superficie de Ariel se enfrió, se expandió y se agrietó. Luego, brotó de las grietas de la luna material helado, posiblemente agua y amoníaco congelados, que cubrió el suelo de los valles, alisó la superficie y enterró muchos cráteres.

Miranda, una luna de sólo 290 millas (470 km) de diámetro, se la considera uno de los mundos más extraños del Sistema Solar. Las imágenes muestran llanuras llenas de cráteres, un valle profundo, y zonas poco comunes talladas por surcos y cordilleras curvas. Algunos científicos creen que a medida que se formó esta luna, el material rocoso empezó a hundirse hacia el centro, y el material helado (las regiones con surcos) empezaron a subir hacia la superficie. Sin embargo, la diminuta Miranda se congeló antes de que este proceso se terminara, dejando el mundo caótico que fotografió la *Voyager 2*.

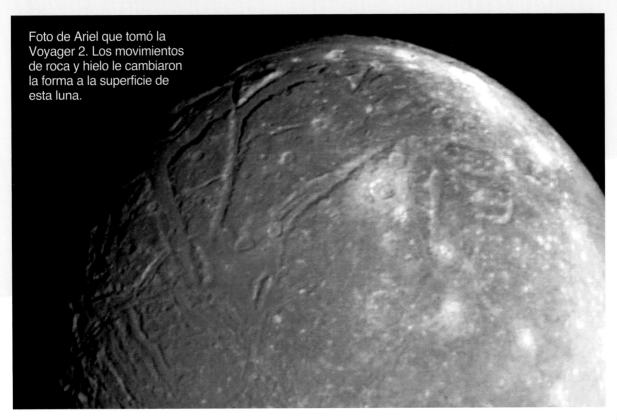

Foto de Ariel que tomó la Voyager 2. Los movimientos de roca y hielo le cambiaron la forma a la superficie de esta luna.

Más interesante
de lo que creemos

En las fotos que la *Voyager 2* tomó de
Urano en 1986, el planeta parecía mostrar muy
pocos detalles. Algunas personas lo llamaron el
planeta más aburrido del Sistema Solar. Los
científicos esperaban que Neptuno resultara bastante
parecido a Urano, una bola de gas coloreado con pocas
nubes o tormentas que ver. Sin embargo, cuando en
1989 la *Voyager 2* voló junto a Neptuno, encontró una
atmósfera violenta. En Neptuno, mucho antes de que
la nave espacial lo alcanzara, se veía una tormenta del
tamaño de toda nuestra Tierra; se la apodó la Gran Mancha
Oscura. Más de cerca, la sonda fotografió tenues nubes
blancas corriendo alrededor del planeta, a las que
impulsaban los vientos más rápidos del Sistema Solar.

Entonces, ¿por qué no se parecía Urano a Neptuno? Bueno,
quizás se parezca, al menos un poco. Años después de
que la *Voyager 2* se alejó de Urano, los astrónomos,
usando el telescopio espacial *Hubble* y telescopios con
base en la Tierra, observaron una mancha oscura y
otros patrones intrigantes en la atmósfera del
planeta. Quizás el estado de la atmósfera de
Urano sea más interesante de lo que
creemos, y la *Voyager 2* lo haya
captado durante un período
de inactividad.

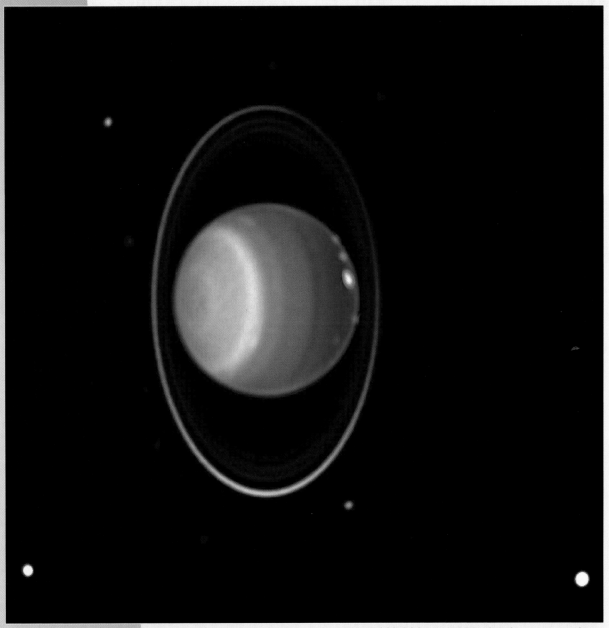

Arriba: Una imagen de Urano tomada por el telescopio espacial Hubble en 1989, donde se ven nubes.

Un siglo más adelante

Las imágenes y los datos que envió la *Voyager 2* hicieron posible que los astrónomos estudiaran detalladamente Urano, sus anillos y sus satélites. Sin embargo, la información que brindó la sonda no pudo responder a todas las preguntas que los científicos tenían sobre Urano. Se necesitará una nueva visita al planeta para encargarse de algunas de estas preguntas. Pueden pasar muchos años antes de que se lance otra sonda espacial para estudiar Urano. Mientras tanto, los científicos han obtenido mucha información útil e imágenes valiosas de los instrumentos que están en órbita alrededor de la Tierra, como el telescopio espacial *Hubble*, y demás instrumentos avanzados que están sobre la superficie de la Tierra.

Sin embargo, los científicos quieren hacer una nueva visita a Urano. Para cuando se lance una misión nueva, probablemente tengamos sondas más avanzadas que puedan estudiar el planeta con mayor detalle. ¿Quién sabe? Quizás la próxima sonda espacial hasta lleve humanos a bordo.

¿Podría ser este niño o niña uno de tus futuros parientes? Podría ser una de las primeras personas que viaje a Urano.

Las lunas de Urano

Nombre	Diámetro	Distancia desde Urano
Cordelia	15 millas (25 km)	30,925 millas (49,770 km)
Ofelia	18 millas (30 km)	33,420 millas (53,790 km)
Bianca	25 millas (40 km)	36,765 millas (59,170 km)
Crésida	37 millas (60 km)	38,390 millas (61,780 km)
Desdémona	35 millas (55 km)	38,950 millas (62,680 km)
Julieta	50 millas (85 km)	39,985 millas (64,350 km)
Porcia	65 millas (110 km)	41,065 millas (66,090 km)
Rosalinda	35 millas (55 km)	43,460 millas (69,940 km)
Belinda	40 millas (65 km)	46,760 millas (75,260 km)
Puck	95 millas (155 km)	53,440 millas (86,010 km)
Miranda	290 millas (470 km)	80,400 millas (129,390 km)
Ariel	720 millas (1,160 km)	118,690 millas (191,020 km)
Umbriel	725 millas (1,170 km)	165,470 millas (266,300 km)
Titania	980 millas (1,580 km)	270,860 millas (435,910 km)
Oberón	945 millas (1,520 km)	362,580 millas (583,520 km)
Caliban	37 millas (60 km)	4,450,000 millas (7,169,000 km)
Stephano	12 millas (20 km)	4,900,000 millas (7,900,000 km)
Sycorax	75 millas (120 km)	7,590,000 millas (12,214,000 km)
Próspero	12 millas (20 km)	10,000,000 millas (16,100,000 km)
Setebos	12 millas (20 km)	13,450,000 millas (21,650,000 km)

Archivo de datos: Día y noche

Urano es el tercer planeta más grande conocido del Sistema Solar, y el séptimo planeta más alejado del Sol. Es además uno de los planetas menos comunes. El eje está inclinado sobre su lado. En consecuencia, cada polo mira al Sol durante la mitad de la órbita de 84 años de Urano. Esto significa que cada mitad de Urano tiene un «día» iluminado de 42 años de duración seguido de una «noche» oscura de 42 años.

El Sol y la familia del Sistema Solar (de izquierda a derecha): Mercurio, Venus, Tierra, Marte, Júpiter, Saturno, Urano, Neptuno, Plutón.

Urano

Derecha: Primer plano de Urano y sus cinco satélites principales (de arriba abajo): Miranda, Ariel, Umbriel, Titania y Oberón.

Urano frente a la Tierra

Planeta	Diámetro (duración del día)	Período de Rotación	Período de órbita alrededor del Sol (duración del año)	Lunas conocidas	Gravedad de la superficie	Distancia desde el Sol (más cercana-más lejana)	Tiempo mínimo que le toma a la luz viajar a la Tierra
Urano	31,763 millas (4,875 km)	17 horas* 14 minutos	30,685 días (84.01 años)	20+	0.89*	1.70–1.87 millones de millas (2.74–3.00 millones de km)	2.4 horas
La Tierra	7,927 millas (12,756 km)	23 horas, 56 minutos	365.256 días (1 año)	1	1.00**	91.3–94.4 millones de millas (147–152 millones de km)	—

* Multiplica tu peso por este número para averiguar cuánto pesarías en este planeta. En el caso de Urano, que carece de superficie, el número corresponde al nivel superior de las nubes.

Más libros sobre Urano

DK Space Encyclopedia (Enciclopedia DK del espacio), Nigel Henbest y Heather Couper (DK Publishing)

Jupiter, Saturn, Uranus, and Neptune (Júpiter, Saturno, Urano y Neptuno), Gregory Vogt (Raintree Steck-Vaughn)

Uranus (Urano), Larry Dane Brimner (Children's Press)

Uranus (Urano), Seymour Simon (Mulberry Books)

CD-ROM y DVD

CD-ROM: *Exploring the Planets (Explorar los planetas).* (Cinegram)

DVD: *The Voyager Odyssey (La odisea de la Voyager).* (Image Entertainment)

Sitios Web

Internet es un buen lugar para obtener más información sobre Urano. Los sitios Web que se enumeran aquí pueden ayudarte a que te enteres de los descubrimientos más recientes, así como de los que se hicieron en el pasado.

Nine Planets. www.nineplanets.org/moon.html

StarDate Online. stardate.org/resources/ssguide/uranus.html

Views of the Solar System. www.solarviews.com/eng/uranus.htm

Voyager Project. voyager.jpl.nasa.gov/

Windows to the Universe. www.windows.ucar.edu/tour/link=/uranus/uranus.html

Lugares para visitar

Estos son algunos museos y centros donde puedes encontrar una variedad de exhibiciones espaciales.

Museo Norteamericano de Historia Natural
Central Park West at 79th Street
New York, NY 10024

Museo de Ciencia y Tecnología de Canadá
1867 St. Laurent Boulevard
100 Queen's Park
Science Park
Ottawa, Ontario, K1G5A3
Canada

Centro Espacial Henry Crown
Museo de Ciencia e Industria
57th Street and Lake Shore Drive
Chicago, IL 60637

Lawrence Hall of Science
Centennial Drive
Berkely, CA 94720

Museo Nacional del Aire y el Espacio
Instituto Smithsoniano
7th and Independence Avenue SW
Washington, DC 20560

Odyssium
11211 142nd Street
Edmonton, Alberta T5M 4A1
Canada

Museo Scienceworks
2 Booker Street
Spotswood
Melbourne, Victoria 3015
Australia

Centro del Aire y el Espacio de Virginia
600 Settlers Landing Road
Hampton, VA 23669

Glosario

anillos: fragmentos de materia que rodean algunos planetas, entre ellos Urano.

astrónomo: científico que estudia los mundos que están más allá de la Tierra, entre ellos los otros planetas, las estrellas, los cometas y demás.

atmósfera: los gases que rodean un planeta, una estrella o una luna. La atmósfera de Urano contiene hidrógeno, helio y otros gases.

Bode, Ley de: fórmula que se creía que mostraba a qué distancia del Sol debía estar cada planeta. La fórmula la desarrolló Johann Daniel Titius en 1776. Más adelante resultó ser falsa.

cráter: hoyo en el suelo cuyo origen está en una explosión volcánica o en el choque de un meteoro.

diámetro: línea recta que atraviesa el centro de un círculo o una esfera desde un lado hasta el otro.

eje: línea imaginaria a través del centro de un objeto, como un planeta, una estrella o una luna, alrededor de la cual gira el objeto. El eje de Urano está inclinado de manera que el planeta parece estar de costado comparándolo con la mayoría de los otros planetas del Sistema Solar.

gravedad: la fuerza que hace que objetos como los planetas y sus lunas se atraigan mutuamente.

helio: gas liviano e incoloro que, junto con el hidrógeno y otros pocos gases, forma la atmósfera de Urano.

Herschel, William: astrónomo de origen alemán que trabajaba en Inglaterra y que descubrió Urano en 1781.

Hubble, Telescopio espacial: satélite artificial que contiene un telescopio e instrumentos relacionados, y que en 1990 se colocó en órbita alrededor de la Tierra.

luna: cuerpo pequeño del espacio que se mueve en una órbita alrededor de un cuerpo más grande. Se dice que una luna es un satélite del cuerpo más grande.

masa: la cantidad, o el total, de materia de un objeto.

órbita: la trayectoria que sigue un objeto celeste a medida que gira, o da vueltas, alrededor de otro.

planeta: uno de los cuerpos grandes que giran alrededor de una estrella como el Sol. La Tierra y Urano son planetas del Sistema Solar.

planetesimales: trozos pequeños de materia que, cuando se unieron, pudieron haber formado planetas.

Sistema Solar: el Sol con los planetas y todos los demás cuerpos, como los asteroides, que describen una órbita alrededor de él.

Sol: nuestra estrella y el proveedor de la energía que hace posible la vida en la Tierra.

sonda espacial: nave que viaja por el espacio, fotografiando y estudiando los cuerpos celestes y, en algunos casos, hasta aterrizando sobre ellos.

Urano: antiguo dios griego de los cielos y padre de Saturno. Por él recibió su nombre el planeta Urano.

Voyager 2: la sonda espacial que en 1986 envió a la Tierra valiosa información sobre Urano.

Índice

Nacido en 1920, Isaac
Asimov llegó a Estados
Unidos, de su Rusia natal,
siendo niño. De joven
estudió bioquímica. Con el
tiempo se transformó en
uno de los escritores más
productivos que el mundo
haya conocido jamás. Sus
libros abarcan una variedad
de temas que incluyen
ciencia, historia, teoría del
lenguaje, literatura fantástica
y ciencia ficción. Su
brillante imaginación le
hizo ganar el respeto y la
admiración de adultos y
niños por igual.
Lamentablemente, Isaac
Asimov murió poco
después de la publicación de
la primera edición de *La
biblioteca del universo de
Isaac Asimov*.

Los editores expresan su agradecimiento a quienes autorizaron la reproducción de material registrado: portada, 3,
NASA/JPL; 4, NASA; 5 (izquierda), Museo Marítimo Nacional; 5 (derecha), Real Sociedad Astronómica; 6, NASA/JPL; 7,
NASA; 8, © David Hardy; 9, 10, © Julian Baum 1988; 11, NASA; 12 (izquierda), NASA/JPL; 12 (derecha), Centro
Nacional de Datos de Ciencia Espacial y el jefe del equipo, Dr. Bradford A. Smith; 13, © David Hardy; 14, NASA; 15,
NASA/JPL; 16 (grande), © Julian Baum 1986; 16 (recuadro), © Lynette Cook 1988; 17, © Julian Baum 1986; 18-19,
Relevamiento Geológico de Estados Unidos; 20, 21 (inferior), NASA/JPL; 21 (superior), © MariLynn Flynn 1982; 22
(superior), Frank Reddy; 22 (inferior), © Alan Gutierrez 1979; 23, Centro Nacional de Datos de Ciencia Espacial y el jefe
del equipo, Dr. Bradford A. Smith; 24-25, NASA/JPL; 25, Erich Karkoschka, Universidad de Arizona, y NASA; 26-27,
cortesía de Spaceweek National Headquarters; 28-29 (todas). © Sally Bensusen 1987.